Simone Janson

Der Itinerar Berengars I. (889-924)

Simone Janson

Der Itinerar Berengars I. (889-924)

GRIN Verlag

Bibliografische Information der Deutschen Nationalbibliothek: Die Deutsche Bibliothek verzeichnet diese Publikation in der Deutschen Nationalbibliografie; detaillierte bibliografische Daten sind im Internet über http://dnb.d-nb.de/ abrufbar.

1. Auflage 1999
Copyright © 1999 GRIN Verlag
http://www.grin.com/
Druck und Bindung: Books on Demand GmbH, Norderstedt Germany
ISBN 978-3-638-87196-9

Rheinische Friedrich-Wilhelms Universität Bonn

Historisches Seminar

Hauptseminar: Die Teilung des Frankenreiches im 9. Jahrhundert

Sommersemester 1999

Hausarbeit zum Thema:

Der Itinerar Berengars I. (889-924)

vorgelegt am 15.03.2000 von:

Simone Janson

6. Fachsemester

2

Inhaltsverzeichnis

Einleitung

Eine Itineraranalyse, wie sie im folgenden versucht wird, soll Aufschluß über die Herrschaftspraxis eines Herrschers in geben. Welche Regionen, bzw. Orte hat der Herrscher bevorzugt besucht? Kehrte er an bestimmte Orte immer wieder zurück? Hat er bestimmte Orte nur wenige Male besucht?

Die Vorliegende Arbeit versucht, den Itinerar Berengars I. (889-924) nachzuzeichnen und die oben gestellten Fragen zu beantworten. Am Ende der Analyse wird die Erstellung eines Itinerarkalenders stehen, der den gesamten Regierungsverlauf und sämtliche Herrscherumzüge Berengars darstellen soll.

Weiter reichen hingegen Untersuchungen auf diesem Gebiet von Heusinger[1], Mayer[2], Brühl[3], Rieckenberg[4], Müller-Mertens[5] und Alvermann[6]. In diesen ausführlichen Forschungen wurden die Ergebnisse der Itineraranalyse zum politischen Geschehen in Bezug gesetzt. Das politische Handeln des Herrschers konnte so direkt am Itinerar abgelesen werden. Es wurde also nicht nur untersucht, wo der Herrscher wirkte sondern auch in welchem Maße[7]. In der folgenden Arbeit konnten wegen des geringen Umfanges solche komplexen Fragestellungen nicht behandelt werden. Die Autorin hat sich daher nur auf die Darstellung des Herrscheritinerars beschränkt.

Zu Grunde liegen bei dieser Untersuchung aber vor allem die Ausführungen von Alvermann[8] und Müller-Mertens, der neben den Ergebnissen zum Itinerar Ottos I. auch einen methodischen Leitfaden für künftige Itineraranalysen lieferte[9]. Die jüngste Untersuchung zum vorliegenden Thema stammt von Alvermann, der sich bei seinen Untersuchungen zur Zeit Ottos II. weitgehend auf Müller-Mertens beruft. Alvermann hat zudem auch weitaus ausführlicher als Müller-Mertens die Verhältnisse in Italien

---

[1] B. Heusinger, Servitium.
[2] Th. Mayer, Wirkungsbereich.
[3] C. Brühl, Fodrum.
[4] H.-J. Rieckenberg, Königsstraße.
[5] E. Müller-Mertens, Reichsstruktur.
[6] D. Alvermann, Königsherrschaft.
[7] Vgl. dazu besonders E. Müller-Mertens, Reichsstruktur, D. Alvermann, Königsherrschaft u. B. Heusinger, Servitium.
[8] D. Alvermann, Königsherrschaft.
[9] E. Müller-Mertens, Reichsstruktur.

beschrieben, eben jenes geographische Gebiet, das in der vorliegenden Hausarbeit behandelt wird[10].

Dabei stellen sich jedoch folgende Fragen, die mit dieser Arbeit beantwortet werden sollen: Lassen sich diese methodischen Ansätze auf die Quellen Berengars übertragen? Welche Modifizierungen müssen vorgenommen werden? Auch diese Fragen sollen im folgenden Text beantwortet werden.

Die vorliegende Itineraranalyse basiert auf der Quellenedition Schiaparellis[11], der alle noch vorhandenen Diplome Berengars zusammenfaßte. Dabei führt Schiaparelli die eindeutig als Fälschungen erkannten Urkunden gesondert an[12].

Zwar ist es möglich, daß Fälschungen auf echten Urkunden beruhen, im vorliegenden Fall sind die gefälschten Diplome jedoch mehrheitlich solche, die Adelsfamilien des späten Mittelalters und der frühen Neuzeit, wie die Visconti, in ihrem Machtbereich legitimieren sollten[13].

Im Gegensatz zu den sicheren Fälschungen wurden die zweifelhaften echten Urkunden in die Untersuchung eingebunden.

Nicht berücksichtigt wurden auch solche Diplome, die Schiaparelli in anderen Quellen erkannt haben will, da hier meist das genaue Tagesdatum und der Ortsnachweis fehlen[14].

Schiaparelli hat die Urkunden nach dem gregorianischen Kalender datiert[15] und diesen Daten folgt die Autorin auch bei der Errechnung der Aufenthaltsdauer und -häufigkeit sowie der Länge der Itineraretappen.

Zunächst erschien es der Autorin aber notwendig, einen historischen Abriß über die Regierungszeit Berengars I. zu geben, damit der Itinerarkalender am Ende der Arbeit hierzu direkt in Bezug gesetzt werden kann.

---

[10] D. Alvermann, Königsherrschaft.
[11] L. Schiaparelli, Diplomi.
[12] L. Schiaparelli, Diplomi.
[13] L. Schiaparelli, Diplomi, 371f.
[14] L. Schiaparelli, Diplomi 8-10.

5

1. historischer Abriß der Zeit Berengars I

Mit Ludwig II. starb am 12.8.875 der letzte Karolinger, der sich aktiv in die italienische Politik eingemischt hatte. In Italien kristallisierten sich nun drei Einflußbereiche heraus, die zu einer politischen Aufteilung der Halbinsel führten: Das Regnum Italicum im Norden mit der Hauptstadt Pavia, der Kirchenstaat mit dem Exarchat Ravenna und Süditalien, das regelmäßig das Ziel arabischer Plünderungszüge war, sonst aber unter byzantinischem Einfluß stand[16].

Für die Politik im Regnum Italicum der folgenden Jahrzehnte waren zwei Faktoren von großer Bedeutung: Langsam bahnte sich die Feudalisierung an, die einzelne Adelsgruppen erstarken ließ, das Reich aber schwächte, was noch durch das Fehlen einer starken, zentralen Reichsregierung verstärkt wurde. Der zweite Faktor war die zentrale Rolle des Regnum beim Kampf um die Kaiserkrone, denn das Königreich war seit Jahrzehnten das Zentrum der Reichseinheitspartei[17].

In dieser Situation standen sich in Italien besonders zwei Adelsfamilien gegenüber: Die Widonen, ursprünglich aus dem Moselgebiet stammend, setzten sich in Spoleto fest und weiteten von hier ihr Herrschaftsgebiet auf die Toskana und Teile Süditaliens aus. Fortan mußte jeder Kaiser auf der Reise nach Rom durch widonisches Gebiet.
Weniger klar ist die Herkunft der Unrochinger, der Familie Berengars. Auch sie stammten wohl aus dem Moselgebiet, verfolgten aber bereits Mitte des 9. Jahrhunderts über Besitzungen in Flandern, Alemannien und Friaul. Von hier aus agierte Berengar zunächst als Markgraf, sollte aber bald ein entschiedener Gegner der Widonen um die Herrschaft in Italien werden[18]

Die große Stunde Berengars kam, als die ostfränkischen Großen Kaiser Karl III. 887 aus Unzufriedenheit absetzten und er kurz darauf starb. Da mit Absetzung des Kaisers auch der italienische Königsthron vakant geworden war, suchte man nach dem geeigneten Mann, der

---

[15] L. Schiaparelli, Diplomi.
[16] R. Hiestand, Byzanz, 19.
[17] R. Hiestand, Byzanz, 20.
[18] R. Hiestand, Byzanz, 22f..

Italien wieder als nationaler Herrscher regieren sollte. Die Wahl fiel im Januar 888 auf Berengar[19].

Obwohl dieser Schritt durchaus revolutionär und wie eine Wiedereinsetzung der langobardischen Königswürde anmutet, vermutet Hiestand das Gegenteil: Berengar war wohl zunächst ein Anhänger Karls III., fühlte sich aber durch dessen Absetzung nicht mehr gebunden[20].

Auch die italienischen Adligen waren in den über 100 Jahren seit der fränkischen Eroberung durch und durch fränkisch geworden[21]. Nach Hiestand läßt sich aber

"höchstens an gewisse Unterströmungen im partikularistisch regionalen Streben denken, welche sich die Hochadelsschicht für ihre Ziele zu Nutzen machte"[22].

Berengars Königswürde wurde ihm jedoch bald von Herzog Wido von Spoleto streitig gemacht. Dessen Ziel war es zunächst gewesen, die Herrschaft über das gesamte westfränkische Reich zu erhalten, während Berengar sich von Anfang an nur auf Italien konzentrierte. Als aber Widos Ansprüche durch Odo von Paris vereitelt wurden, den die Großen des Westfrankenreiches bevorzugten[23], hielt es auch Wido für klüger, seine Machtansprüche nur auf Italien zu beschränken[24].

Hier setze sich Wido 889 zunächst gegen Berengar durch: Widos Absicht war es, eine neu Dynastie zu gründen. Am 2. Februar 891 krönte Papst Stephan V. Wido zum Kaiser, und zu Ostern 892 salbte der neue Papst Formosus Widos Sohn Lambert in Ravenna zum Mitkaiser[25].

Vielleicht hätten es die Karolinger noch hinnehmen können, daß einer, der gar nicht zu ihnen gehörte, König wurde, daß sich Wido aber zum Kaiser krönen ließ, war zuviel: 894/95 zog der Deutsche König Arnulf von Kärnten, der Sohn Karlmanns, mit seinem Heer

---

[19] R. Hiestand, Byzanz, 36-39.
[20] R. Hiestand, Byzanz, 39.
[21] R. Hiestand, Byzanz, 41.
[22] R. Hiestand, Byzanz, 41.
[23] R. Hiestand, Byzanz, 48.
[24] C. Brühl, Deutschland, 368f.
[25] R. Hiestand, Byzanz, 50-65.

gegen Wido und Lambert und ließ sich im Februar 896 ebenfalls durch Papst Formosus zum Kaiser erheben[26].

Ein Gegenkaisertum war eigentlich nicht neu in der Geschichte des Frankenreiches, aber dieses hier war etwas besonderes: Interessant war der Aspekt, daß der Karolinger Arnulf, zumindest formal, als Gegenkaiser und Herausforderer auftrat, während die Widonen das ältere und vom Papst als erstes sanktioniertes Kaisertum bildeten. Wido trat dabei nicht nur als italienischer sondern auch als fränkischer Herrscher auf.

Daß aus seiner Dynastie nichts geworden ist, liegt letztlich nur am frühen Tod seines Sohnes Lambert. Brühl allerdings versieht die Bezeichnung "Unfalltod" hier mit einem Fragezeichen[27]. Arnulf hingegen war schon nach kurzer Zeit nach Deutschland zurückgekehrt. sein Eingreifen blieb ohne Folgen für die italienische Geschichte[28].

Nominell galt nach dem Aussterben der Widonen Berengar als ihr Nachfolger. Es gelang ihm jedoch nicht, die Ungarn, die im Frühjahr 899 die Lombardei heimsuchten, zu besiegen, ja nachdem diese sein Heer vernichtet hatten, plünderten sie Oberitalien[29]. Diese Niederlage war aber das Ergebnis einer verfehlten Politik: Berengar hatte die Friedensangebote der Ungarn immer wieder abgelehnt, denn für ihn wäre es notwendig gewesen, in einer großen Schlacht sein Prestige zu erhöhen und damit seine Herrschaft, die noch auf recht wackeligen Beinen stand, zu festigen[30].

In seinem Versagen sahen die italienischen Adligen die Unfähigkeit Berengars bestätigt und riefen nun Ludwig III. aus der Provence herbei, der im Oktober 900 in Pavia zum König und im Februar 901 in Rom zum Kaiser gekrönt wurde.
Wie Berengar I. von Friaul war auch er in weiblicher Linie Karolinger und hatte damit ein legitimes Anrecht auf den Kaisertitel[31]. Der italienische Adel blieb seinem neuen König jedoch nicht treu: bereits an Ludwigs Krönung nahm eine großen Anzahl von Adligen nicht

---

[26] R. Hiestand, Byzanz, 73f.
[27] C. Brühl, Deutschland, S. 369.
[28] R. Hiestand, Byzanz, 74.
[29] L. Hartmann, Geschichte, 176-179.
[30] G. Fasoli, Re, 58f.
[31] L. Hartmann, Geschichte 180f.

teil[32], so daß Ludwig nach bereits 22 Monaten vor Berengar über die Alpen floh und einen Eid ablegte, nie mehr nach Italien zurückzukehren.

Fasoli macht die Fehler Ludwigs in dieser schwierigen Situation deutlich: Der Kaiser hatte sich zum einen zu sehr auf den treulosen italienischen Adel verlassen, zum anderen hat er den Wert seines Kaisertitels überschätzt. Auch die Widonen vor ihm hatten einen Großteil ihrer Macht aus dem Titel des Imperators bezogen, allerdings auch eine breite Basis an Männern, Mitteln und Energie besessen, die Ludwig fehlte[33].

Berengar regierte nun für drei Jahre Italien. 904 aber schickten sich die Ungarn erneut an, Italien zu bedrohen. Aus Schaden klug geworden, wollte Berengar eine offene Schlacht unter allen Umständen vermeiden und handelte einen jährlichen Tribut aus, den allerdings nicht er, sondern die Adligen, Kleriker und das Volk zu entrichten hatten. Damit brachte Berengar jedoch einmal mehr Adel und Klerus gegen sich auf, die wiederum eine Alternative suchten – und diese war erneut Ludwig von der Provence, der am 4. Mai die Alpen überquerte und sich bereits im Juni in Pavia festsetzte[34]. Berengar floh zunächst nach Bayern, kehrte dann aber zurück und besiegte Ludwig in 905 Verona[35].

Zur Strafe für dessen Eidesbruch befahl Berengar die Blendung des Kaisers, der von nun an machtlos bis 915 weiterregierte. Gelebt hat Ludwig aber noch bis 928; er führte formal den Kaisertitel "imperator augustus" weiter[36].

Aber auch Berengars Macht war begrenzt: Die lokalen und regionalen Herrscher erweiterten ihren Besitz und ihren Einfluß auf Kosten des Königtums, wie die Urkunden Berengars zeigen, mußte er zahlreiche Zugeständnisse und Urkunden machen[37]. Vor allem die Bischöfe profitierten davon, da sie durch die Privilegien Karls III. aus der königlichen Verwaltung beinahe herausgehoben waren und dadurch soviel Besitz anhäuften, daß sie Pflichten übernehmen konnten, die auszuüben der Staat nicht mehr in der Lage war[38].

---

[32] G. Fasoli, Re, 65f.
[33] G. Fasoli, Re, 71.
[34] G. Fasoli, Re, 68.
[35] L. Hartmann, Geschichte, 179-182.
[36] R. Hiestand, Byzanz, 105f.
[37] L. Schiaparelli, Diplomi, 154-143.
[38] L. Hartmann, Geschichte, 182 f.

Ungeachtet der innenpolitischen Situation, die deutlich seine eigene Schwäche demonstrierte, wollte sich nun auch Berengar endlich zum Kaiser krönen lassen. Sergius IV, der von 904 bis 911 den Papstthron innehatte, war jedoch nicht gewillt, Berengar die Kaiserkrone aufzusetzen, wenn dieser nicht seine Forderungen erfüllen würde. Eine davon war die Absetzung des Markgrafen Albuin von Istrien, der eigenmächtig das Gut der römischen Kirche an seine Vasallen verteilte. Möglicherweise gab es Verhandlungen darüber, der Forderung ist Berengar jedoch nicht nachgekommen[39].

An der Kaiserkrönung hinderte ihn indes noch ein anderes Problem: In der Toskana war Graf Adalbert nicht sehr erfreut darüber , seine Macht der des Königs unterzuordnen. So lange er sich aber gegen Berengar stellte, war an einen Romzug des Königs nicht zu denken! Erst als Adalbert starb, verbesserten sich 912 oder 913 die Verbindungen zu dessen Sohn Wido, dem Romzug stand nun nichts mehr im Wege.[40]

Die Krönung fand Ende November, Anfang Dezember 915 statt, bereits am 2. Januar 916 befand er sich, wie eine Schenkungsurkunde an den Bischof von Arezzo zeigt, bereits wieder in Mugello[41]. Daraus schließt Hartmann, daß Berengar nur kurz in Rom verweilte und keine Gelegenheit dazu hatte, sich in römische Angelegenheiten zu mischen. Berengar mußte sich daher mit einer rein formalen Anerkennung des Titels begnügen[42].

Noch kurz vor seiner Kaiserkrönung hatte Berengar 915 Anna, die nach Meinung Brühls die Tochter Ludwigs und Anna, der Tochter des byzantinischen Basileus war, geheiratet. Brühl vermutet darin eine wenigstens formale Aussöhnung zwischen Ludwig und Berengar[43].

Für diese These spricht sich auch Hiestand aus. Er führt als weiteren Beleg einer Aussöhnung zwischen Ludwig und Berengar Quellen an, die Berengar nahestehen und die Blendung den eigenmächtigen empörten Anhängern des Kaisers zuschoben[44].

Hlawitschka hingegen nimmt an, daß Anna, die Ehefrau Ludwigs, 915 Berengar geheiratet hätte, da sie in den Quellen nur sehr ungenau „dilectissima coniux Anna"[45] genannt

---

[39] L. Hartmann, Geschichte, 187f
[40] L. Hartmann, Geschichte, 187f.
[41] L. Schiaparelli, Diplomi, 279.
[42] L. Hartmann, Geschichte 188.
[43] C. Brühl, Deutschland, 516-518.

wird[46]. Brühl widerspricht dieser These hingegen scharf[47], da Hlawitschka auch keine weiteren Beweise zu bieten habe[48].

Dann könnte es, wie die Autorin meint, aber auch eine ganz andere Anna gewesen sein, in jedem Fall könnte dann von einer Aussöhnung zwischen Ludwig und Berengar nicht mehr die Rede sein.

Der Ansicht, daß die neue Frau Berengars nicht unbedingt etwas mit Ludwig zu tun haben mußte, ist auch Fasoli: Sie läßt die Herkunft ganz im Unklaren, stellt allerdings fest, daß der Name Anna im "Langobardenreich"[49] kaum vorkam, weswegen ihre Herkunft zu zahlreichen Spekulationen anregte: Kam sie aus Ravenna oder aus Griechenland?[50] Diese Frage wird sich aber kaum noch vollständig klären lassen.

Auch dem Kaiser Berengar gelang es auf Dauer nicht, die Adligen seines Reiches zufrieden zu stellen. Vielmehr sammelte sich eine ständig wachsende Schar von Unzufriedenen. Der Anlaß für eine offene Rebellion war die Verhaftung des Pfalzgrafen Odelrich, der im Einvernehmen mit Bischof Lambert von Mailand und Graf Gieselbert dem burgundischen König Rudolf II. die italienische Königswürde anbot und gleichzeitig einen Überfall auf Verona, wo Berengar sich aufhielt, vorbereitete. In dieser Situation rief Berengar die Ungarn zu Hilfe und verwirkte damit, wie Hartmann urteilt, seien Existenzberechtigung als Kaiser[51].

Hartmann führt in diesem Zusammenhang aus, daß die Daseinsberechtigung des Kaisertums in Italien auf der Abwehr des äußeren Feindes beruhte. Wenn Berengar diesen nun ins Land rief, mußte er damit die Achtung seiner Vasallen verlieren[52].

---

[44] R. Hiestand, Byzanz 129.
[45] L. Schiaparelli, Diplomi, 275.
[46] E. Hlawitschka, Verbindungen, 43.
[47] C. Brühl, Deutschland, 517.
[48] E. Hlawitschka, Verbindungen, 43.
[49] G. Fasoli, Re, 87. Fasoli benutzt den Ausdruck Italia longobarda synonym mit Regnum Italicum - fälschlicherweise, wie die Autorin der vorliegenden Arbeit meint, denn, wie bereits ausgeführt wurde, war bereits bei der Krönung Berengars vom langobardischen Reichsgedanken nichts mehr übrig geblieben.
[50] G. Fasoli, Re, 87.
[51] L. Hartmann, Geschichte, 189f.
[52] L. Hartmann, Geschichte, 189-190.

Rudolf hatte zuvor vergeblich versucht, seine Reichsgebiete nach Nordosten auszudehnen, war dabei aber mit Herzog Burchard I. von Schwaben aneinander geraten, dem er 919 bei Winterthur unterlegen war. 922 heiratete Rudolf Burchards Tochter Bertha[53]. Der burgundische König war deshalb über das Angebot aus Italien, das einen unverhofften Machtzuwachs bedeutete, froh und nahm an. Er wurde am 4. Februar 922 in Pavia gekrönt, konnte sich zunächst aber nur im westlichen teil Oberitaliens durchsetzten, da im Osten noch immer Berengar herrschte und nicht bereit war, Zugeständnisse zu machen. Berengar zog gegen Rudolf, wurde von diesem aber am 7. April bei Piacenza geschlagen und zog sich nach Verona zurück. Wahrscheinlich einigten sich die beiden nun auf die Abgrenzung ihrer Herrschaftsbereiche[54].

Währenddessen faßten die italienischen Adligen den Plan, Berengar zu töten: Möglich ist, daß Berengar von der Verschwörung erfuhr, ihren Anführer, den Grafen Lambert aber dennoch frei ließ und ihn reich beschenkte, weil er auf seine Treue baute. Gerade aber dieser Lambert stach den König am 7. April 924 beim Morgengottesdienst nieder[55].

Jetzt erst, nach dem Tod Berengars 924, konnte Rudolf als allgemein anerkannter König auftreten. Doch auch er bekam die Opposition des italienischen Adels im eigenen Land spüren: Teilweise die selben Leute, die Rudolf vier Jahre zuvor gerufen hatten, wandten sich nun gegen ihn und baten Hugo von Arles und Vienne, der neue König in Italien zu werden. Rudolf sucht Hilfe bei seinem Schwiegervater Burchard von Schwaben, der aber Ende April 926 bei Novara überfallen und erschlagen wurde. Rudolf gab schließlich den Kampf gegen Hugo auf, kehrte nach Hochburgund zurück und überließ Italien seinem Nachfolger[56].

Rudolfs Zwischenspiel in Italien bezeichnet Schiefer eher als "günstige Augenblickskonstellation", war die Halbinsel doch ein Gebiet, das Rudolf II. kampflos zufiel, aber das sich aber auch für ihn als unhaltbar erwies[57].

---

[53] T. Schieffer, Überblick, 9.
[54] T. Schieffer, Überblick, 9f.
[55] L. Hartmann, Geschichte 192f.
[56] T. Schieffer, Überblick, 9.
[57] T. Schieffer, Überblick, 10.

2. Analyse des Itinerars Berengars I.

2.1. Aufenthaltsdauer und -häufigkeit an den verschiedenen Orten

Um die Analyse des Itinerars von Berengar I. zu erstellen, beruft sich die Autorin im zunächst Folgenden auf die Methodik, die Müller-Mertens zum Itinerar Ottos I. ausgearbeitet hat[58]. Es soll dabei untersucht werden, ob sich die Untersuchung, die Müller-Mertens[59] auf Otto den ersten angewendet hat, auch auf Berengar I. übertragen läßt.

Daher untersucht er zunächst die Häufigkeit der Besuche eines Königshofes an einem Ort, beziehungsweise in einem Gebiet. Diese lassen sich aus den Königsurkunden direkt erkennen[60]. Für ihre Untersuchung ist die Autorin der vorliegenden Arbeit dieser Methode gefolgt, die sie auf Berengar I. übertragen hat. Zunächst wurden nur jene Aufenthalte Berengars erfaßt, für Ort und die exakte Zeitangabe aus den Urkunden Berengars I. mit völliger Sicherheit hervorgehen[61].

Dabei ergibt sich folgende Verteilung auf die einzelnen Orte:

Tabelle 1: Die einzelnen Orte mit den urkundlich gesicherten Aufenthaltstagen.

Orte	Aufenthaltstage
Pavia	33
Verona	18
Olona (Corte Olona)	5
Monza	4
Mantova	2
Coriano	3
"Sinna" (curte Sinna)	3
Cremona	1
Mailand	2
Torri	2
Peschiera	2
Novara	2
Ivrea	1
Ceneda	1
Pordenone	1
Reggio Emilia	1
Bologna	1
Triest	1
Agrabona	1
Sulcia	1
S. Floriano di Valpolicella	1

---

[58] Vgl. dazu insgesamt: E. Müller-Mertens, Reichsstruktur.
[59] E. Müller-Mertens, Reichsstruktur, 79.
[60] E. Müller-Mertens, Reichsstruktur, 85.
[61] E. Müller-Mertens, Reichsstruktur, 85.   [62] Vgl. dazu Tabelle 2.

S. Martino in Solaria	1
Villa Stazzano	1
Castelrotto	1
Corte Aquis	1
Parma	1
Lupatina	1
Brescia	1
"summo lacu"	1
Rodengo	1
Ravenna	1
Mugello	1
Rom	1
Gesamtzahl der Tage	**98**

Es fehlen in dieser Aufstellung jene Urkunden, die kein gesichertes Tagesdatum tragen oder denn die Ortsangabe fehlt. Diese werden aber teilweise unten gesondert aufgeführt[62]. Aus dieser Übersicht wird also deutlich, daß Berengar I. durch Urkunden gesichert an 98 Tagen an den verschiedenen Orten seines Reiches belegt ist.

Als nächsten Schritt schlägt Müller-Mertens vor, in die Itineraranalyse nun alle weiteren Orte miteinzubeziehen, die nur mit einem ungenauen Tagesdatum nachzuweisen sind, und für sie jeweils einen Tag zu veranschlagen[63]. Nach reiflicher Überlegung hat sich die Autorin entschlossen, diese Maßnahme nur eingeschränkt durchzuführen. Müller-Mertens konnte die Lücken im Itinerar Ottos I. wohl auf diese Weise schließen, für die weitaus größeren Lücken im Itinerar Berengars wären noch mehr Unsicherheiten jedoch wenig hilfreich.

In der folgenden Tabelle werden daher nur Orte erwähnt, die mit einer Monatsangabe in Zusammenhang gebracht werden. Beispielsweise ist Berengar im Januar 903 auf dem Weg von Pavia nach Parma in Piacenza nachzuweisen, und zwar mit großer Wahrscheinlichkeit vor dem 19. Januar, da er zu diesem Zeitpunkt schon in Parma weilte[64].

---

[63]E. Müller-Mertens, Reichsstruktur, 87.
[64]L. Schiaparelli, Diplomi, 107-114.

Tabelle 2: Die urkundlich gesicherten Aufenthalte ohne genaues Tagesdatum

Orte	Aufenthaltstage
Pavia	1
Verona	3
Cortalta	1
Piacenza	1
Cremona	1
Gesamtzahl der Tage	7

Dabei muß erwähnt werden, daß ein Ort, den Schiaparelli als Senna benennt, aus der Analyse völlig herausfallen muß, da für ihn nur das sehr ungenaue Datum 916 überliefert ist. In der folgenden Itineraranalyse würde er jedoch das Ergebnis verfälschen, genau zugeordnet werden konnte er nicht. Der Ortsname wird jedoch in Übereinstimmung mit Brühl[65] und Schrod[66] mit den Königshöfen "Sinna" und "Curte Sinna", die im Itinerar Berengars noch drei weitere Male mit sicherem Tagesdatum überliefert sind, gleichgesetzt[67].

Müller-Mertens geht nun davon aus, daß der Königshof, wenn er an zwei oder mehr Tagen, zwischen denen eine Zeitspanne von einer Woche oder weniger liegt, sich in diesem Zeitraum wahrscheinlich immer an diesem Ort aufgehalten habe. Die entsprechende Tagesreihe könne nun ohne weiteres geschlossen werden. Wenn aber längere Zwischenräume in dieser Zeitspanne lägen, sollte man darauf achten, ob die entsprechenden Daten auf hohe kirchliche Feiertage wie Ostern, Pfingsten oder Weihnachten gefallen seien, da hier längere, mehrwöchige Aufenthalte des Königshofes an einem Ort anzunehmen seien. In nur wenigen Fällen seien mehrwöchige Aufenthalte nicht an Festtagen sondern im Sommer zu beobachten[68].

Hier ergibt sich ein großes Probleme: Die Quellenlage für Otto I. ist ungleich dichter als für Berengar Während man bei Otto von noch recht engen Itinerarreihen sprechen kann, die mit größerer Sicherheit zu schließen sind, sind in den Urkunden Berengars größere Lücken von

---

[65] C. Brühl, Fodrum, 406f.
[66] K. Schrod, Reichsstraßen, 66.
[67] Zur weiteren Problematik der geographischen Ortsbestimmung vgl. Kapitel 2.2.
[68] E. Müller-Mertens, Reichsstruktur, 85-87.

15

Wochen, Monaten und Jahren die Regel, so daß von einer Schließung der Itinerarlücken nur unter Vorbehalt die Rede sein kann[69].

Außerdem läßt sich die Vorgehensweise von Müller-Mertens[70] am Itinerar von Berengar I. widerlegen. Am Anfang seiner Regierungszeit urkundet der König am 7. Mai 888 in Olona in der Lombardei und ist bereits einen Tag später in Pavia nachzuweisen[71]. Ähnlich ist es im Jahre 904, als Berengar am 23. Juni in Monza und am 24. Juni in Pavia nachzuweisen ist[72]. Man kann also davon ausgehen, daß Berengar auch innerhalb kürzester Zeiträume seinen Standort wechselte.

Dennoch wird im Folgenden versucht, die Itinerarlücken zu schließen. Relativ unproblematisch ist, zumindest nach der Methode von Müller-Mertens[73], davon auszugehen, daß sich Berengar vom 3. bis zum 9. November 890 in Verona aufhielt. Auch im 898 läßt sich sagen, daß Berengar sich zumindest vom 6. November bis zum 10. November in Pavia aufhielt, zumindest ist er an beiden Tagen belegt. Auffällig ist sein Zug in das Gebiet der Emilia Romagna, wo Berengar, der sonst kaum außerhalb der Lombardei urkundet, vom 1. Dezember in Reggio Emilia bis zum 7. Dezember in Bologna nachzuweisen ist. Auch im Jahr 920 kann man einige wenige Itinerarlücken relativ gut schließen: Urkunden gibt es hier vom 4. bis zum 8. September fast täglich. Eine weiter Urkunde vom 26. September könnte darauf hinweisen, daß sich Berengar bis zu diesem Zeitpunkt in Pavia aufgehalten hat[74].
Damit sind die Möglichkeiten, die die Methode von Müller-Mertens bietet, aber auch schon erschöpft.

Die hohen kirchlichen Feiertage lassen sich mit den Itinerarreihen Berengars nur schlecht in Zusammenhang bringen. Berengar ist nur einmal, im Jahr 918, am 26. Dezember in Monza unmittelbar nachweisbar, wobei er sich aber kurz zuvor, am 18. Dezember, noch in Verona

---

[69] Vgl. dazu L. Schiaparelli, Diplomi u. MGH, Diplomata.
[70] E. Müller-Mertens, Reichsstruktur, 85-87
[71] L. Schiaparelli, Diplomi, 13-29.
[72] L. Schiaparelli, Diplomi, 134-142.
[73] E. Müller-Mertens, Reichsstruktur, 85-87.

aufgehalten hat. Sonst ist er meist vor und nach Festtagen durch Urkunden sicher an verschiedenen Orten zu belegen, nie jedoch selbst an diesen Tagen. Am 7. Dezember 898 urkundet Berengar beispielsweise in Bologna[75], während sich für den 6. Januar 899 seine Anwesenheit in Lupatina[76] feststellen läßt. Wo er denn nun die Feiertage verbracht hat, muß pure Spekulation bleiben, wahrscheinlich wäre aber Pavia.

Im Jahr 899 urkundet Berengar sowohl am 8. und am 28. März sowie am 25. April in Pavia[77]. Ostern fiel in diesem Jahr auf den 1. April. Es ist daher zwar nicht unwahrscheinlich, daß Berengar fast die ganze Zeit über in Pavia weilte, ohnehin dem Ort, in dem er sich wohl mit Abstand am meisten aufhielt, jedoch ist es auch möglich, daß er zwischenzeitlich den Ort wechselte. Im folgenden Jahr, in dem Ostern auf den 20. April fällt, ist der König am 11. März, 24. Mai und 7. Juni in Pavia nachzuweisen[78], deshalb kann man jedoch keinesfalls automatisch annehmen, daß er deshalb von März bis Pfingsten dort verbracht hat, wenn es auch durchaus möglich wäre - dann aber sicher nicht nur wegen der kirchlichen Feiertage.

Weitere Itinerarlücken könnten unter Vorbehalt geschlossen werden. Diese Itinerarlücken betreffen vor allem die Orte Pavia und Verona, in denen Berengar mit Abstand am meisten urkundet. Daher ist es auch bei größeren Zwischenräumen im Itinerar an möglich, daß der König an dem jeweiligen Ort geblieben sein könnte, wenn bestimmte Faktoren, die im Weiteren erläutert werden, diesen Aufenthalt bedingen.

Im Jahre 890 urkundet Berengar sowohl am 28. Februar als auch am 12. Mai und dann wieder an den oben bereits genannten Novemberdaten in Verona. Aufgrund der historischen Ereignisse in diesem Jahr ist es aber durchaus anzunehmen, daß Berengar sich während des gesamten Zeitraumes in Verona aufhielt. Schließlich wurde sein nur ein Jahr zuvor ins Land gekommener Rivale Wido bereits im Februar 891 zum Kaiser gekrönt[79]. Da Wido in Pavia

---

[74]L. Schiaparelli, Diplomi, 328-338.
[75]L. Schiaparelli, Diplomi, 72-75.
[76]L. Schiaparelli, Diplomi, 75-77.
[77]L. Schiaparelli, Diplomi, 77-85.
[78]L. Schiaparelli, Diplomi, 88-98.
[79]R. Hiestand, 50-53.

saß, konnte sich Berengar nur auf Verona zurückziehen[80]. Größere Feldzüge werden in einer Zeit mit vermindertem Machtanspruch wohl ebenfalls kaum möglich gewesen sein. Tatsächlich zeigt das Itinerar in späteren Zeiten, etwa um die Jahrhundertwende, als es Berengar für kurze Zeit gelang die Macht wieder zu übernehmen[81], einen häufigeren Ortswechsel[82].

Wahrscheinlich ist auch ein zweiwöchiger Aufenthalt Berengars vom 17. Juli bis zum 1 August 902 in Pavia, da auch hier der Zwischenzeitraum sehr klein ist.

Ebenso ungenau und daher für die Analyse nur eingeschränkt verwertbar sind Urkunden mit genauen Daten aber ohne Ortsangaben. Eine Ausnahme könnte bei drei Urkunden aus dem Sommer 911 gemacht werden: Berengar urkundet am 19. Juli 911 in Novara, ebenso wie am 19. August. Auch vom 15. August ist eine Urkunde überliefert, jedoch ohne Ortsnennung. Die Autorin geht nun davon aus, daß dieses Diplom ebenfalls in Novara ausgestellt wurde, zumal zwischen den letztgenannten Daten nur eine Diskrepanz von vier Tagen besteht. Außerdem kommt Novara im Itinerar des Königs überhaupt nur einmal, nämlich im Sommer 911, vor, es ist daher davon auszugehen, daß Berengar sich während des gesamten Zeitraums, vom 19. Juli bis zu 19. August in Novara aufhielt - belegbar ist das allerdings nicht. Dennoch wird die Autorin das fragliche Datum in ihre Analyse einbeziehen und also einen Aufenthalt Berengars vom 19. Juli bis zum 19. August in Novara annehmen.

Inklusive alle dieser Eventualitäten ergibt sich nun für die Itineraranalyse folgend Einteilung, sowohl für die Häufigkeit der Besuche an einem Ort als auch für die Anzahl der Tage.

---

[80] Daß Verona "in Anbetracht der so häufig wechselnden politischen Konstellation einen festen Rückhalt, ja geradezu eine zweite Residenz neben Pavia, das sich oft genug in der Hand der Gegenpartei befand", für Berengar bedeutete, belegt auch Brühl (C. Brühl, Fodrum, 405f.)
[81] R. Hiestand, 84f.

Tabelle 3: Aufenthaltstage und Aufenthaltshäufigkeiten.

Orte	Aufenthaltstage	Aufenthaltshäufigkeit
Verona	373	15
Pavia	284	18
Novara	32	1
Olona (Corte Olona)	5	4
Monza	4	4
Coriano	3	3
"Sinna" (curte Sinna)	3	3
Cremona	2	2
Mailand	2	2
Peschiera	2	2
Mantova	2	1
Torri	2	1
Piacenza	1	1
Cortalta	1	1
Ivrea	1	1
Ceneda	1	1
Pordenone	1	1
Reggio Emilia	1	1
Bologna	1	1
Triest	1	1
Agrabona	1	1
Sulcia	1	1
S. Floriano di Valpolicella	1	1
S. Martino in Solaria	1	1
Villa Stazzano	1	1
Castelrotto	1	1
Corte Aquis	1	1
Parma	1	1
Lupatina	1	1
Brescia	1	1
"summo lacu"	1	1
Rodengo	1	1
Ravenna	1	1
Mugello	1	1
Rom	1	1
Gesamtzahl	737	79

Wie sich aus dieser Übersicht unschwer erkennen läßt, haben Verona und Pavia sowohl was die Anzahl der Tage als auch was die Anzahl der Besuche betrifft, eine hervorragende Position gegenüber allen anderen Orten. Es waren jene Orte, die Berengar am häufigsten aufgesucht hat und wo er sich insgesamt den längsten Zeitraum während seiner Regierung aufgehalten hat. Andere Orte wie Novara - hier verweilte Berengar im Sommer 904 32 Tage - Olona, Sinna oder Coriano suchte Berengar in seiner Regierungszeit öfter auf und blieb

---

[82]L. Schiaparelli, Diplomi, 58-98.

hier auch über gewisse Zeiträume, war aber hier nie so lange zu gegen wie in Pavia oder Verona.

Regelmäßigkeiten im Itinerar, periodisch immer wieder aufgesuchte Orte, von denen Alvermann bezüglich des Itinerars Ottos II:. spricht[83], sind außer in Verona und Pavia kaum festzustellen. Auch nach der Kaiserkrönung sind kaum Änderungen im Itinerar auszumachen, es kann lediglich bemerkt werden, daß Berengar in seiner späten Phase vorrangig seine Residenzstädte Verona und Pavia aufsuchte, daß insgesamt die Anzahl der Reisen abnahm. Aber auch diese Orte suchte Berengar selten immer zur selben Zeit auf - das dürfte wohl auch an der äußerst instabilen politischen Situation in Italien während Berengars Regierungszeit liegen.

2.2. Geographische Probleme

Neben allgemein bekannten Civitates[84] wie Pavia, Verona, Bologna oder Cremona, um nur einige zu nennen, finden sich im Itinerar Berengars auch Königshöfe[85], deren geographische Position nicht als allgemein bekannt vorausgesetzt werden kann. Die Autorin versucht im folgenden, diese Orte geographisch zu bestimmen, was jedoch wegen des Fehlens von technischen Hilfsmittel nicht durch die Erstellung einer eigenen, für das Itinerar Berengars adäquaten Itinerarkarte geschehen kann.

Eine Zuordnung ist jedoch nicht immer einfach, da die Orte teilweise ihre Namen verändert haben oder nicht mehr existieren.

Bereits Schiaparelli scheint mit einigen Ortsbestimmungen Probleme gehabt zu haben. Er setzt in seiner Zusammenfassung, die er jeder Quelle voranstellt, den Ortsnamen "Senna" in Anführungszeichen, gibt jedoch keine weiteren Erklärungen dazu ab[86]. Es ist zu vermuten, daß er den Ort nicht genau lokalisieren konnte oder sich über die genaue Schreibung nicht klar war.

---

[83] D. Alvermann, Königsherrschaft, 206-211.
[84] C. Brühl, Fodrum, 406.
[85] C. Brühl, Fodrum, 406 f.
[86] Schiaparelli, Diplomi, 206.

Andererseits taucht in den Urkunden mehrmals der Name "Sinna", bzw. "curte Sinna" auf[87]. Wahrscheinlich stimmen diese Orte überein und wurden auf verschiedene Weise geschrieben. Dazu kommt noch, daß "Senna" gleich zweimal in der heutigen Lombardei lokalisiert werden kann: Senna Lodigiano nördlich von Piacenza und Senna Comascu in der Nähen von Como. Gleichzeitig konnte ein Ort namens Sinna nicht entdeckt werden. Diese These belegen auch die Ausführungen von Brühl[88] und Schrod[89] Beide lokalisieren zudem Senna nördlich von Piacenza, bzw. südöstlich von Lodi, weswegen es sich um Senna Lodigiano handeln muß.

Auch bei "Summo lacu" scheint sich Schiaparelli über den zeitgenössischen Namen nicht im klaren gewesen zu sein, übernimmt er doch auch hier die lateinische Benennung[90]. Schrod hat dafür gleich zwei mögliche Lokalitäten im Auge, zum einen Samolaco am Nordrande des Comer Sees oder, südlich davon, La Riva am Lago di Mezzola[91]. Brühl, der sich dabei wahrscheinlich aber auf Schrod bezieht, nennt nur Samolaco[92].

Ebenfalls nicht eindeutig bestimmbar sind Lupatina, das in der Grafschaft Pavia liegen soll und Castelrotto, mit dem lateinischen Namen Castrum Ruptum, das wahrscheinlich an der Eisack, im heutigen Südtirol, an der Straße zwischen Verona und dem Brennerpaß, anzusiedeln ist. Die Frage, was Berengar ausgerechnet im Januar 905 in den Alpen machte, erklärt sich aus dem historischen Kontext: Er befand sich auf der Flucht vor dem ins Land gerufenen Ludwig nach Bayern[93].

Weitere geographische Zuordnungen sind hingegen einfacher zu treffen: Im Osten des heutigen Alessandria, befindet sich Tortona, südlich davon liegt am Ufer des Flusses Scrivia der curtis Villa Stazzano[94], in der gleichen Region befindet sich San Martino in

---

[87] Schiaparelli, Diplomi, 259-262 u. 296-299.
[88] C. Brühl, Fodrum, 406f.
[89] K. Schrod, Reichsstraßen, 66.
[90] Schiaparelli, Diplomi, 180.
[91] K. Schrod, Reichsstraßen, 51.
[92] C. Brühl, Fodrum, 406.
[93] K. Schrod, Reichsstraßen, 87. Schrod führt dabei aus, daß Versuche, Castelrotto in der Valpolicella, in de Grafschaft Verona zu suchen, fehlschlagen müßten, da jenes Castelrotto auf Castrum Rotaris, nicht aber auf Castrum Ruptum zurückgehe.
[94] K. Schrod, Reichsstraßen, 48f.

Solaria, das Brühl als Solero identifiziert hat[95]. Hinter dem von Schiaparelli als Sulcia benannten Ort[96] verbirgt sich das heutige Saluzzo in der Provinz Cuneo im heutigen Piemont[97]. Coriano liegt nordöstlich von Pavia[98], während Cortalta direkt zu Verona gehört[99].

In der Valpolicella liegt Pieve San Floriano, das Schrod als San Floriano di Valpolicella identifiziert hat[100], weiter südlich davon, noch immer in der Grafschaft Verona findet sich die curtis Aquis[101]. Nordwestlich von Brescia liegt Rodengo[102] und am Ostufer des Gardasees befinden sich die beiden Orte Torri del Benaco und Peschiera. Pordenone liegt schließlich im Friaul. Als einziger Königshof südlich der Grenze der Lombardei und des Veneto steht Mugello , nördlich von Florenz, in der Emilia Romagna, im Itinerar Berengars da[103].

Offen bleiben muß dabei lediglich die Position der curtis Agrabona - sie findet sich, wie Brühl vermerkt, nirgendwo identifiziert oder vermerkt[104].

Sowohl Müller-Mertens[105] als auch Alvermann[106] haben die Orte der Herrscheritinerare bestimmten Regionen zugeteilt und diese in Kernlandschaften bzw. politische Zentralräume, Basislandschaften, Integrationsstränge und Fernzonen eingeteilt. Alvermann argumentiert in diesem Zusammenhang gegen den Terminus Kernlandschaft der vor allem geographisch definiert sei, und bevorzugt den Begriff "Zentralraum", da dieser hingegen nach politischen, kulturellen und ökonomischen Funktionen zu bestimmen ist[107].

---

[95] C. Brühl, Fodrum, 406.
[96] Schiaparelli, Diplomi, 115.
[97] K. Schrod, Reichsstraßen, 50.
[98] K. Schrod, Reichsstraßen, 74.
[99] C. Brühl, Fodrum, 406.
[100] K. Schrod, Reichsstraßen, 82.
[101] K. Schrod, Reichsstraßen, 82.
[102] C. Brühl, Fodrum, 406.
[103] Vgl. dazu C. Brühl, 406.
[104] C. Brühl, Fodrum, 406.
[105] E. Müller-Mertens, Reichsstruktur, 133-158.
[106] D. Alvermann, Königsherrschaft, Königsherrschaft, 184.
[107] D. Alvermann, Königsherrschaft, 186.

Basislandschaften sind Ausgangs- und Endpunkte der königlichen Itinerarbewegungen, sie sind den Zentralräumen zwar ähnlich, aber Zentralräume und Basislandschaften sind nicht zwingend identisch[108]. Fernzonen sind Schließlich jene Gebiete, die vom Herrscher nur sporadisch besucht werden, etwa bei Kriegszügen[109].

All diese Gebiete werden als Zielgebiete[110] der Königsreisen gewertet, in denen der Grund für die unternommene Reise auszumachen ist. Im Gegensatz dazu stehen die Integrationsstränge, die nichts anderes als Durchzugsgebiete sind, "die von Strängen oder gar Bündeln großer Kommunikationslinien durchzogen sind, welche das Königtum für seine Reisen im Reich nutzt.[111]"

Diese Einteilung auf den Itinerar Berengars zu übertragen, ist allerdings kein leichtes Unterfangen.

Während sich etwa im Itinerar Ottos II., wie er von Alvermann[112] dargestellt wurde, bei zahlreichen Bewegungen in einem weiträumigen geographischen Gebiet die Möglichkeiten ergeben, die bereisten Gebiete in Zentralräume, Basislandschaften, Fernzonen und Integrationsstränge einzuteilen, ist eine solche Differenzierung im Itinerar Berengars kaum möglich. Zudem käme es bei einer geographischen Zuordnung der einzelnen Orte zu bestimmten politischen Regionen im Herrschaftsbereich Berengars zu Ungenauigkeiten kommen. Hier würden sich, nach Alvermanns Einteilung der Gebiete[113], nur sechs Regionen ergeben, die im Itinererar Berengars berücksichtigt werden müßten: die Lombardei, einschließlich des heutigen Piemonts, die Mark Verona mit einer Ausdehnung bis ins heutige Südtirol und nach Friaul, die Mark Canossa, die Toskana das Patrimonium Petri und das Exarchat Ravenna.

Die letzten zwei Gebiete sind auf einen Blick als Fernzonen, als Gebiete mit sporadischer Herrscherpräsenz auszumachen, werden sie doch in der Gesamten Regierungszeit Berengars nur je einmal besucht. Die Mark Canossa und vor allem die Toskana sind hingegen als Durchzugsgebiete zu werten.

---

[108] D. Alvermann, Königsherrschaft, 186.
[109] D. Alvermann, Königsherrschaft, 186-192.
[110] D. Alvermann, Königsherrschaft, 192f.
[111] D. Alvermann, Königsherrschaft, 186.
[112] D. Alvermann, Königsherrschaft.

Die Lombardei und die Mark Verona hingegen stellen die politischen Zentralräume unter der Herrschaft Berengars dar. Aber auch hier muß wieder differenziert werden: Während Pavia und Verona gleichsam als Zentralräume und Basislandschaften mit ständig wiederkehrender Herrscherpräsenz zu definieren sind, werden Städte wie Ivrea, Novara, Castelrotto oder Triest nur sporadisch besucht[114].So gesehen sind Pavia und Verona die eigentlichen Zentralräume im Itinerar Berengars.

2.3. Der Itinerarkalender Berengars I.

Der Itinerarkalender Berengars wurde nach dem Vorbild von Alvermanns Itinerarkalender[115] angefertigt. Dabei gibt die Kategorie "Regest" die Nummer des jeweiligen Diploms bei Schiaparelli wieder. Die Kategorie Anwesenheit verzeichnet die durch die Urkunden gesicherten Tagesaufenthalt Berengars an dem jeweiligen Ort.

Ausgehend von der Gesicherten Anwesenheit an bestimmten Orten wurden für einige Etappen die Distanz zwischen den beiden Orten in "Km" sowie die Reisedauer in Tagen ermittelt. Beide sind im folgenden Itinerarkalender schwarz markiert. Aufgeführt werden im Itinerar Berengars aber nur Etappen, die kürzer als 36 Tage sind. Diesem Vorgehen liegt die Methode von Müller-Mertens zu Grunde, der bei Itineraretappen, die länger als 36 Tage sind, einen zu langen Zwischenaufenthalt annimmt und diese daher für nicht repräsentativ ansieht[116].

Den im Itinerarkalender verzeichneten Distanzangaben liegen hingegen die Ausführungen Alvermanns zum Straßennetz im frühmittelalterlichen Italien [117] sowie Schrods Studien zu den Reichsstraßen[118] zu Grunde.

Alvermann führt aus, daß im Mittelalter eine Neuschöpfung des Straßennetz einsetze, die deutlich von der Streckenführung des spätantiken römischen Reiches abwich. Diese Veränderung wurde durch gesellschaftliche Veränderungen am Ende des ersten

---

[113] Vgl. dazu insgesamt D. Alvermann, Königsherrschaft, 398.
[114] Vgl. dazu Tabelle 1 u. 3.
[115] D. Alvermann, Königsherrschaft, 399-424.
[116] E. Müller-Mertens, Reichsstruktur, 115f.
[117] D. Alvermann, Königsherrschaft, 148-157.
[118] K. Schrod, Reichsstraßen, 6-39.

24

Jahrtausends und durch die Verlagerungen von politischen, ökonomischen und kultischen Zentren seit der Römerzeit bedingt.

Allerdings führt Alvermann aus, daß solche Umschwünge erst zur Jahrtausendwende beobachtbar seien, ja daß wenigstens bis zum Ende des Karolingerreiches am spätantiken Wegesystem festgehalten worden und neue Trassen und Wegführungen, die sich nicht mehr am spätantiken Streckennetz orientierten, bis zum 11. Jahrhundert sehr selten oder gar nicht überliefert seien[119].

Daraus ergibt sich folgerichtig, daß auch in dem in dieser Arbeit behandelten Zeitraum, das Ende des 9. und Beginn des 10. Jahrhunderts das spätantike Straßennetz noch weitgehend genutzt wurde und Berengar sich auf diesen Straßen fortbewegte.

Noch genauer geht Schrod[120] auf die einzelnen Straßen und vor allem die Alpen- und Apenninpässe in Italien ein. Für das Itinerar Berengars dürfte hier vor allem der Brenner und die Brennerstraße von Verona über Trient und Bozen nach Castelrotto von Bedeutung sein[121]. Diesen Weg nahm Berengar auf seiner Flucht im Winter 905[122].
Im Apennin hingegen war der Monte Bardone mit der La Cisa-Straße[123]: diese Route dürfte Berengar die wenigen Male gewählt haben, als er von Pavia nach Bologna, Ravenna oder Rom reiste. Nach Rom wird er dann weiter der Via Francigena, der alten Verbindungsstraße Rom-Pavia gefolgt sein, über Lucca, Siena und den Bolsenasee[124]. Doch von Pavia aus führte die Via Francigena auch nach Norden, nach Ivrea[125].

Müller-Mertens ist mit seinen Untersuchungen noch einen Schritt weiter gegangen. Er hat für Otto I. eine durchschnittliche Tagesleistung des Herrschers in Kilometern aus den Tagesleistungen der einzelnen Etappen errechnet. Diese Tagesleistung wurde ermittelt indem er die Dauer der Etappe in Tagen und die Länge jeder einzelnen Etappe anhand der

---

[119]D. Alvermann, Königsherrschaft, 148-150.
[120] Vgl. dazu insgesamt K. Schrod, Reichsstraßen.
[121] K. Schrod, Reichsstraßen, 14-17.
[122] Vgl. dazu Schiaparelli, Diplomi, 151-154.
[123] K. Schrod, Reichsstraßen, 20-24.
[124] K. Schrod, Reichsstraßen, 27-34.
[125] K. Schrod, Reichsstraße, 31.

wichtigsten, meist benutzen Königsstraßen miteinander in Verhältnis setzte[126]. Bei Otto I.

kommen   nach Müller-Mertens 24,8 Kilometer als durchschnittliche Tagesleistung

heraus[127]. Mit diesem Durchschnittswert bestimmt Müller-Mertens nun die Reiselänge

und somit die Aufenthaltsdauer des Herrschers in verschiedenen Regionen, um so weitere

Itinerarlücken zu schließen.

Bei Berengar ist die Errechnung eines Durchschnittswertes wesentlich schwieriger:
Während mehrere von Berengars Etappen nur eintägig sind und klar wird, daß der König

auf diesen Etappen sehr große Entfernungen zurücklegen konnte, nämlich Strecken bis zu

45 Kilometern pro Tag, ist bei andern Etappen die Tagesleistung ungleich geringer.

Das kann sowohl durch heute nicht mehr nachvollziehbaren Faktoren wie Witterung oder

Größe des Gefolges, aber auch von der häufigeren Anzahl von Zwischenstopps bei

größeren Distanzen abhängig sein. Solche Pausen sind vor allem in Klöstern nachweisbar

und wurden auch gerne gemacht[128].

Es wurde daher zwar erwogen, für Berengar eine durchschnittliche Tagesleistung in

Kilometern anzugeben, diese Idee wurde jedoch nach reiflichen Überlegungen wieder

verworfen. Aus oben ausgeführten Gründen[129] ist die Einordnung der geographischen

Räume, in denen Berengar sich bewegte, zu bestimmten Regionen ein ebenso müßiges

Unterfangen, auf das, nach Meinung der Autorin, im Itinerar Berengars verzichtet werden

sollte.

Die Spalte "Aufenthalt" gibt schließlich die wahrscheinliche Anzahl der Tage an, während

denen sich Berengar an einem Ort befand. Hier wurde nach der oben aufgeführten

Methode[130] versucht die Itinerarlücken zu schließen. Die Ergebnisse dieser Berechnungen

liegen Tabelle 1 und 2 zur Aufentaltsdauer- und Häufigkeit zu Grunde[131]. Zur besseren

Kenntlichmachung ist diese Spalte hellgrau markiert.

---

[126]E. Müller-Mertens, Reichsstruktur, 115f.
[127] E. Müller-Mertens, Reichsstruktur, 116f.
[128] K. Schrod, Reichsstraßen, 4 u. H. Grasshof, Klosterwesen.
[129] Vgl. dazu Kapitel 2.2.
[130] Vgl. dazu Kapitel 2.1.

26

Die letzte Spalte weist schließlich die absolut unschließbaren Itinerarlücken aus. Diese sind dunkelgrau markiert.

Re-gest	Datum	Ort	An-wesen-heit	Distanz	Reise-tage	Aufent-halt	Itinerar-lücken
1	2.3.-5.3.888	Cortalta	4 Tage	45 km	15 Tage		
2	21.3.888	Mantova	1Tag				47 Tage
3	7.5.888	Olona	1 Tag	22,5 km	1 Tag		
4	8. 5.888	Pavia	1 Tag				475 Tage
5	18.8.899	Cremona	1 Tag	103 km	23 Tage		
6	10.9.889	Verona	1 Tag				154 Tage
7	28.2.890	Verona	1 Tag			223 Tage	
8	12.5.890	Verona	1 Tag				161 Tage
9	20.10.890	Verona	1 Tag				
10	3.11.890	Verona	1 Tag			7 Tage	
11	9.11.893	Verona	1 Tag	171 km	23 Tage		
12	21.11.894	?	1 Tag				
13	2.12.894	Mailand	1 Tag				1801 Tage
14	30.4.896	Verona	1 Tag				
15	29.7.896	Coriano	1 Tag				
16	30.11.896	Corte Aquis	1 Tag				
17	6.1.897	Ceneda	1 Tag				
18	5.5.897	Pordenone	1 Tag				
19	15.2.898	Mailand	1 Tag				
20	6.11.898	Pavia	1 Tag			5 Tage	
21	10.11.898	Pavia	1 Tag	120 km	21 Tage		
22	1.12.898	Reggio Emilia	1 Tag				
23	1.12.898	Reggio Emilia	1 Tag	43 km	6 Tage		
24	7.12.898	Bologna	1 Tag	167 km	30 Tage		
25	6.1.899	Lupatina	1 Tag				61 Tage
26	8.3.899	Pavia	1 Tag			52 Tage	
27	28.3.899	Pavia	1 Tag				
28	25.4.899	Pavia	1 Tag				322 Tage
29	896-899	?	?				
30	11.3.900	Pavia	1 Tag			89 Tage	
31	24.5.900	Pavia	1 Tag				
32	7.6.900	Pavia	1 Tag				328 Tage
33	10.11.900	Triest	1 Tag				
34	23.8.901	Verona	1 Tag				
35	17.7.902	Pavia	1 Tag			16 Tage	
36	1.8.902	Pavia	1 Tag				171 Tage
37	Januar 903	Piacenza	?				
38	19.1.903	Parma	1 Tag	?	16 Tage		
39	5.2.903	Agrabona	1 Tag				
40	11.9.903	Sulcia	1 Tag	153 km	38 Tage		
41	19.10.903	Pavia	1 Tag				226 Tage
42	4.1.904	Pavia	1 Tag				
43	21.2.904	Monza	1 Tag				
44	4.4.904	Verona	1 Tag				
45	1.6.904	Pavia	1 Tag	47 km	13 Tage		
46	14.6.904	Villa Stazzano	1 Tag	104 km	9 Tage		

[131] Vgl. dazu Kapitel 2.1.

47	23.06.904	Monza	1 Tag	45 km	1 Tag		
48	24.06.904	Pavia	1 Tag	65 km	22 Tage		
49	904	?	?				
50	Juni 904	Pavia	?				
51	15.7.904	San Martino in Solaria	1 Tag				180 Tage
52	9.1.905	Verona	1 Tag	180 km	14 Tage		
53	23.1.905	Castelrotto	1 Tag				124 Tage
54	26.5.905	San Floriano di Valpolicella	1 Tag	107 km	22 Tage		
55	17.06.905	Olona	1 Tag			2 Tage	
56	31.7.905	Torri	1 Tag				
57-61	1.8.905	Torri	1 Tag	30 km	1 Tag		
62	2.8.905	Peschiera	1 Tag				1098 Tage
63-64	ca. 905	?	?				
65	24.8.906	Verona	1 Tag				
66	24.4.908	Brescia	1 Tag				
67	5.8.908	Samolaco	1 Tag	83 km	9 Tage		
68	14.8.908	Pavia	1 Tag				1069 Tage
69	23.6.909	Pavia	1 Tag				
70	906-910	Pavia	?				
71	13.6.910	Pavia	1 Tag				
72	27.7.910	Rodengo	1 Tag				
73-74	November 910	Cremona	?				
75	911	Senna Lodigiano	?				
76	19.7.911	Novara	1 Tag			32 Tage	
77	15.8.911	?	1 Tag				
78	19.8.911	Novara	1 Tag				283 Tage
79	28.10.911	Pavia	1 Tag				
80-81	907-911	?	?				
82	25.3.912	Verona	1 Tag				
83	9.6.912	Pavia	1 Tag			55 Tage	
84	23.7.912	Pavia	1 Tag	22 km	17 Tage		
85	9.8.912	Corteolona	1 Tag				170 Tage
86	28.9.912	Pavia	1 Tag				
87	26.1.913	Monza	1 Tag	153 km	30 Tage		
88	April 913	Verona	?				
89	25.2.913	Verona	1 Tag				166 Tage
90	10.8.913	Pavia	1 Tag			59 Tage	
91	19.9.913	Pavia	1 Tag				
92	8.10.913	Pavia	1 Tag				482 Tage
93-94	902-913	?	?				
95	1.2.915	Coriano	1 Tag	213 km	31 Tage		
96	4.3.915	Verona	1 Tag			27 Tage	
97	31.3.915	Verona	1 Tag				117 Tage
98	April 915	Verona	?				
99	26.7.915	Senna Lodigiano	1 Tag	51 km	36 Tage		
100	1.9.915	Coriano	1 Tag				98 Tage
101-107	ca. 911-915	?	?				
108	8.12.915	Rom	1 Tag	321 km	25 Tage		
109	2.1.916	Mugello	1 Tag				143 Tage
110	25.5.916	Senna Lodigiano	1 Tag	260 km	28 Tage		
111	22.6.916	Ravenna	1 Tag				918 Tage

28

112	1.9.916	Pavia	1 Tag					
113	ca. 916	?	?					
114	916	Pavia	?					
115	27.8.917	Senna Lodigiano	1 Tag					
116	21.10.917	Peschiera	1 Tag					
117	Januar 918	Verona	?					
118	20.4.918	Pavia	1 Tag					
119	13.11.918	?	1 Tag					
120	18.12. 917 0. 918	Verona	1 Tag					
121	26.12.918	Monza	1 Tag					
122	14.10.919	Ivrea	1 Tag	135	34 Tage			
123	17.11.919	Pavia	1 Tag					225 Tage
124	30.6.920	Corteolona	1 Tag			2 Tage		
125	1.7.920	Corteolona	1 Tag					
126	4.9.920	Pavia	1 Tag			23 Tage		
127	6.9.920	Pavia	1 Tag					
128	7.9.920	Pavia	1Tag					
129	8.9.920	Pavia	1 Tag					
130	26.9.920	Pavia	1 Tag					146 Tage
131	Oktober 920	Mantova	1 Tag					
132	20.12.920	Verona	1 Tag					
133	ca. 915-920	?	?					
134	19.2.921	Mantova	1 Tag			2 Tage		
135	20.2.921	Mantova	1 Tag					623 Tage
136	3.10.921	Pavia	1 Tag					
137	25.3.922	Verona	1 Tag					
138	28.7.922	Verona	1 Tag					
139	September-Dezember 923	Verona	?					
140	Dezember 915-924	?	?					

29

Schluß

Die Methodik von Müller-Mertens[132] oder Alvermann[133] läßt sich nur bedingt auf den Itinerar Berengars übertragen. Das Hauptproblem ist hierbei die geringe Quellendichte: Während Müller-Mertens und Alvermann bei ihren Untersuchungen auf die vergleichsweise gut dokumentierten Regesten der deutschen Kaiser Otto I. und Otto II. zurückgreifen konnten[134], treten im Itinerar Berengars I. oft erhebliche Lücken auf[135]. Dies zeigt sich besonders in der in Kapitel 2.1. beschriebenen Methode zur Schließung der Itinerarlücken. Die Itinerarlücken können daher kaum oder nur mit einem großen Unsicherheitsfaktor geschlossen werden. Beispielsweise sind Überlegungen wie die von Müller-Mertens, die Anwesenheit des Königs zu bestimmten Zeiten an einem Ort an hohen kirchlichen Feiertagen festzumachen[136], für Berengar ebensowenig nachvollziehbar, wie periodisches Wiederkehren an einen Ort[137]. Besser lassen sich noch bestimmte Züge des Königs an herausragenden politischen Ereignissen festmachen[138].

Andererseits wird der von Müller-Mertens festgelegte Zeitraum von einer Woche zwischen zwei gesicherten Tagesdaten als Spanne für die Gesamtverweildauer an dem jeweiligen Ort[139] durch zahlreiche Beispiele widerlegt, die zeigen daß Berengar auch innerhalb kürzester Zeit einen Ortswechsel vornahm[140].

Eindeutig lassen sich hingegen als Zentralräume von Berengars Herrschaft Pavia und Verona feststellen. Die beiden Städte haben im Herrscheritinerar mit großem Abstand die höchste Frequenz an Besuchen und die höchste Aufenthaltsdauer[141]. Die meisten anderen Orte wurden hingegen nur sporadisch und mit kurzer Aufenthaltsdauer aufgesucht[142]. Eine Einteilung des Itinerargebietes nach Regionen erschien jedoch wenig sinnvoll, da das

---

132 E. Müller-Mertens, Reichsstruktur.
[133] D. Alvermann, Königsherrschaft.
[134] D. Alvermann, Königsherrschaft und E. Müller-Mertens, Reichsstruktur.
[135] Vgl. dazu den Itinerarkalender in Kapitel 2.3.
[136] E. Müller-Mertens, Reichsstruktur, 86f.
[137] D. Alvermann, Königsherrschaft, 206-211.
[138] Vgl. dazu Kapitel 2.1.
[139] E. Müller-Mertens, Reichsstruktur, 85-87.
[140] Vgl. dazu Kapitel 2.1.
[141] Vgl. dazu Tabelle 3.
[142] Vgl. dazu Tabelle 3.

beachtete Gebiet zu klein ist[143]. Es muß jedoch beobachtet werden, daß sich Berengars Regierungstätigkeit mit wenigen Ausnahmen auf die Lombardei, die Grafschaft Verona und - in geringerem Maße - auf die Mark Canossa beschränkte.

Größere Probleme bereitet auch die geographische Ortsbestimmung einiger vor allem kleinere Orte im Itinerar Berengars[144]. Schon aus diesem Grunde war es kaum möglich, einen eindeutigen Überblick über den Reiseweg und die Itinerarfiguren des Königs zu bekommen. Problematisch war es schließlich auch, die Reisen Berengars ohne profunde Kenntnisse der mittelalterlichen Straßenverhältnisse nachzuvollziehen. Die Ausführungen von Schrod[145] und Alvermann[146] waren hier zwar hilfreich aber kaum ausreichend.

Insgesamt war die Aufgabe, eine Itineraranalyse zu Berengar II. zu erstellen, aus all den oben aufgeführten Gründen ein schwieriges und kaum befriedigend ausführbares Unterfangen.

---

[143] Vgl. dazu Kapitel 2.2.
[144] Vgl. dazu Kapitel 2.2.
[145] K. Schrod, Reichsstraßen, 14-32.
[146] D. Alvermann, Königsherrschaft, 148-157.

31

Verzeichnis der abgekürzt zitierten Literatur in der Reihenfolge ihres Erscheinens im Text:

B. Heusinger, Servitium:
Hlawitschka, Eduard, Franken, Alemannen, Bayern und Burgunder in Oberitalien (774-962) Freiburg im Breisgau 1960.

Th. Mayer, Wirkungsbereich.
Mayer, Theodor, Das deutsche Königtum und sein Wirkungsbereich. In: Das Reich und Europa, Leipzig 1941, 52-74.

C. Brühl, Fodrum:
Brühl, Carlrichard, Fodrum, Gistum, Servitium Regis. Studien zu den wirtschaftlichen Grundlagen des Königtums im Frankenreich und in den fränkischen Nachfolgestaaten Deutschland, Frankreich und Italien vom 6. bis zur Mitte des 14. Jahrhunderts. 2 Bd. Köln/Graz, 1968.

H.-J. Rieckenberg, Königsstraße:
Rieckenberg, Hans-Jürgen, Königsstraße und Königsgut in liudolfingischer und frühsalischer Zeit (919-1056).In: AUF 17 (1942), 32-145.

E. Müller-Mertens, Reichsstruktur.
Müller-Mertens, Eckhard, Die Reichsstruktur im Spiegel der Herrschaftspraxis Ottos des Großen. Berlin 1980.

D. Alvermann, Königsherrschaft:
Alvermann, Dirk, Königsherrschaft und Reichsintegration. Eine Untersuchung zur politischen Struktur von regna und imperium zur Zeit Kaiser Ottos II, Berlin 1998.

L. Schiaparelli, Diplomi:
Schiaparelli, Luigi, I Diplomi di Berengario I. Rom 1903.

C. Brühl, Deutschland:
Brühl, Carlrichard, Deutschland - Frankreich. Die Geburt zweier Völker, Köln/Wien 1990.

L. Hartmann, Geschichte:
Hartmann, Ludo Moritz, Geschichte Italiens im Mittelalter, t.III/1: Italien und die fränkische Herrschaft, Gotha 1908.

G. Fasoli, Re:
Fasoli, Gina, I Re d' Italia (888-962). Florenz 1949.

E. Hlawitschka, Verbindungen:
Hlawitschka, Eduard, Die verwandtschaftlichen Verbindungen zwischen dem hochburgundischen und dem niederburgundischen Königshaus. Zugleich ein Beitrag zur Geschichte Burgunds in der 1. Hälfte des 10. Jahrhunderts, in: Grundwissenschaften und Geschichte. Festschrift für Peter Acht, Kallmünz 1976.

32

T. Schieffer, Überblick:
Schieffer, Theodor, Geschichtlicher Überblick im Spiegel er Urkunden, in: MGH Regnum Burgundiae et stirpe Rudolfina diplomata et acta (München 1977) S.3-35.

K. Schrod, Reichsstraßen, 66:
Schrod, Konrad, Reichsstraßen und Reichsverwaltung im Königreich Italien (754-1197).(Beiheft 25 zur VSWG), Stuttgart 1911.

MGH, Diplomata:
MGH Diplomata Regum et Imperatorum Germaniae I und II. Die Urkunden von Konrad I., Heinrich I., Otto I. und Otto II, hg. v. Gesellschaft für ältere Deutsche Geschichtskunde, Berlin 1956.

Grasshof, Klosterwesen:
Grasshoff, Hans, Langobardisch-fränkisches Klosterwesen in Italien, Dissertation, Göttingen 1907.

Sekundärliteratur:

Alvermann, Dirk, Königsherrschaft und Reichsintegration. Eine Untersuchung zur politischen Struktur von regna und imperium zur Zeit Kaiser Ottos II, Berlin 1998.

Beloch, Karl Julius, Storia della Popolazione d' Italia, Florenz 1994.

Brühl, Carlrichard, Fodrum, Gistum, Servitium Regis. Studien zu den wirtschaftlichen Grundlagen des Königtums im Frankenreich und in den fränkischen Nachfolgestaaten Deutschland, Frankreich und Italien vom 6. bis zur Mitte des 14. Jahrhunderts. 2 Bd. Köln/Graz, 1968.

Brühl, Carlrichard, Deutschland - Frankreich. Die Geburt zweier Völker, Köln/Wien 1990.

Bertolini, Ottorino, Roma di fronte a Bisanzio e ai Longobardi, Bologna 1941.

J.F. Böhmer, Regesta Imperii I. Die Regesten des Kaiserreiches unter den Karolingern, 751-918, neu bearbeitet von E. Mühlbacher, Hildesheim 1966.

Chittolini, Giorgio/ Molho, Anthony/ Schiera, Pierangelo, Origini dello stato. Processi di formazione statale in Italia fra medioevo ed eta' moderna, Bologna 1994.

Classen, Peter, Karl der Große, das Papsttum und Byzanz. Die Begründung des karolingischen Kaisertums, hg. v. Horst Fuhrmann und Claudia Märtl, Sigmaringen 1988.

Dannenbauer, Heinrich, Die Freien im karolingischen Heer. In: Festschrift z. 70. Geburtstag von

33

Theodor Meyer (Aus Verfassungs- und Landesgeschichte) 1954.

Darmstädter, Paul, Das Reichsgut in der Lombardei und Piemont (568-1250), Straßburg 1896.

Fasoli, Gina, I Re d' Italia (888-962). Florenz 1949.

Ferraris, Aldo (Hg.), La via Francigena nella Provincia di Pavia. Itinerario di Sigerico nella Provincia di Pavia, Pavia 1998.

Grasshoff, Hans, Langobardisch-fränkisches Klosterwesen in Italien, Dissertation, Göttingen 1907.

Haase, Kurt, Die Königskrönungen in Oberitalien und die Eiserne Krone, Dissertation, Straßburg 1901.

Hartmann, Ludo Moritz, Geschichte Italiens im Mittelalter, t.III/1: Italien und die fränkische Herrschaft, Gotha 1908.

Hirsch, Paul, Die Erhebung Berengars I. von Friaul zum König von Italien. Dissertation, Straßburg 1910.

Heusinger, .Bruno, Servitium Regis in der Deutschen Kaiserzeit. Untersuchungen über die wirtschaftlichen Verhältnisse des deutschen Königtums 900-1250. Berlin/Leipzig 1922.

Hiestand, Rudolf, Byzanz und das Regnum Italicum im 10. Jahrhundert. Zürich 1964.

Hlawitschka, Eduard, Franken, Alemannen, Bayern und Burgunder in Oberitalien (774-962) Freiburg im Breisgau 1960.

Hlawitschka, Eduard, Die verwandtschaftlichen Verbindungen zwischen dem hochburgundischen und dem niederburgundischen Königshaus. Zugleich ein Beitrag zur Geschichte Burgunds in der 1. Hälfte des 10. Jahrhunderts, in: Grundwissenschaften und Geschichte. Festschrift für Peter Acht, Kallmünz 1976.

Hlawitschka, Eduard, Vom Frankenreich zur Formierung der europäischen Staaten- und Völkergemeinschaft 840-1046, Darmstadt 1986.

Hoff, Erwin, Pavia und seine Bischöfe im Mittelalter,. I. Epoche: Eta' Imperiale. Pavia 1943.

Hofmeister, Adolf, Markgrafen und Markgrafschaften im italienischen Königreich in der Zeit von Karl dem Großen bis auf Otto dem Großen, in: Mitteilungen des Instituts für Österreichische Geschichtsforschung, Ergänzungsband 7 (1906) 215-435.

Jarnut, Jörg, Geschichte der Langobarden, Stuttgart-Berlin 1982.

Lippert, Woldemar, König Rudolf von Frankreich, Dissertation, Leipzig 1886.

Mayer, Theodor, Das deutsche Königtum und sein Wirkungsbereich. In: Das Reich und Europa, Leipzig 1941, 52-74.

Menant, Francois, Campagnes Lombardes du moyen âge. L' economie et la société rurales dans la region de Bergame, de Crémonte et de Brescia du Xe au XIIIe siécle, Rom 1993.

Müller-Mertens, Eckhard, Die Reichsstruktur im Spiegel der Herrschaftspraxis Ottos des Großen. Berlin 1980.

Pauler, Roland, Das Regnum Italiae in ottonischer Zeit. Markgrafen, Grafen und Bischöfe als politische Kräfte, Tübingen 1982.

Penco, Gregorio, Storia del monachesimo in Italia. Tempi e Figure, seconda serie, 31, 1961.

Rieckenberg, Hans-Jürgen, Königsstraße und Königsgut in liudolfingischer und frühsalischer Zeit (919-1056).In: AUF 17 (1942), 32-145.

Schieffer, Theodor, Geschichtlicher Überblick im Spiegel er Urkunden, in: MGH Regum Burgundiae e stirpe Rudolfina diplomata et acta (München 1977) S.3-35.

Schieffer, Rudolf, Die Karolinger, Stuttgart-Berlin-Köln 1992.

Schmid, Karl, Zur Ablösung der Langobardenherrschaft durch die Franken, in: Quellen und Forschungen aus italienischen Archiven und Bibliotheken 52, 1971, 1-36.

Schrod, Konrad, Reichsstraßen und Reichsverwaltung im Königreich Italien (754-1197).(Beiheft 25 zur VSWG), Stuttgart 1911.

Tabacco, Giovanni, I libri del re nell' Italia carolingiana e postcarolingiana. Spoleto 1996.

Tabacco, Giovanni, The struggle for power in mediaval Italy. Structures of political rule. Cambridge/New York/Portchester/Melbourne/Sydney 1998.

Tellenbach, Gerd, Die Unteilbarkeit des Reiches. Ein Beitrag zur Entstehungsgeschichte Deutschlands und Frankreichs, in: HZ. 163 (1941).

Quellen:

Schiaparelli, Luigi, I Diplomi di Berengario I. Rom 1903.

MGH Diplomata Regum et Imperatorum Germaniae I und II. Die Urkunden von Konrad I., Heinrich I., Otto I. und Otto II, hg. v. Gesellschaft für ältere Deutsche Geschichtskunde, Berlin 1956.

Lightning Source UK Ltd.
Milton Keynes UK
UKHW01f1842041018
329996UK00001B/281/P

9 783638 871969